Elmar Perkmann

Urgeschichte auf dem Peterbühl

Arbeitsbuch

Antworten und Zusatzerklärungen

Geschätzte Lehrende,

Das vorliegende Heft dient als Ergänzung zum
„Arbeitsbuch". Es beantwortet die dort gestellten
Fragen und liefert zusätzliche Informationen.
Zum „Gesamtpaket" des Vorhabens gehören die
Publikationen, die auf der folgenden Seite abgebildet
sind.

Ich wünsche euch eine spannende Arbeit!

Völs, im Februar 2022

ISBN: 9783753423388

ISBN: 9783753422930

244 Seiten spannende
Erzählungen

ISBN: 9783755748441

Impressum

ISBN: 9783754379509
©Elmar Perkmann 02/2022 - Æ-C 3
Elmar.perkmann@gmail.com
www.elmar-perkmann.eu
Herstellung und Verlag:
BoD - Books on Demand, Norderstedt

1. Du kennst die Arche Noah. Könnte das Wort „Archäologie" etwas damit zu tun haben?
Nein. Es handelt sich um ein Wort aus dem Lateinischen: ARCA = Kasten

2. Stimmt das: Die Archäologie beschäftigt sich mit der modernen Geschichte seit den Weltkriegen?
Nein. Die Archäologie befasst sich mit längst vergangenen Zeiträumen

3. Stimmt das: Die Archäologie beschäftigt sich mit schriftlosen Zeitabschnitten?
Ja. Sie befasst sich vor allem mit schriftlosen Zeitabschnitten

4. Warum ist Giovanni Battista Frescura für uns Völser/innen eine wichtige Person?
Dieser Archäologe hat die Ausgrabungen auf dem Peterbühl in den 1950er Jahren vorgenommen. In den 1990er Jahren haben die Archäologen Lorenzo Dal Ri und Umberto Tecchiati am östlichen Abhang zum neuen Friedhof hin Untersuchungen vorgenommen.

5. Wie viele Hausgrundrisse wurden auf dem Peterbühl gefunden?
Freigelegt wurden sechs mit den Bezeichnungen A, T/D, R, S, Q, E

6. Eine Rechenaufgabe:
Das menschliche Leben wird in große Zeitabschnitte von 30 Jahren eingeteilt. Man nennt diese Abschnitte Generationen. Damit meint man einen Zeitabschnitt von der Zeit der Geburt bis dahin, wo der/die Geborene selber Kinder bekommt

Die erste Frage ist die: Wie viele Generationen sind 2.500 Jahre?
83

Zweite Frage: Wenn die bedenkst, dass zwischen dir und deinen Eltern und zwischen deinen Eltern und deinen Großeltern 30 Jahre liegen (das ist ein Mittelmaß!): Wie viele „UR" müsste dein Vorfahr, der 500 Jahre v. Chr. Vater/Mutter geworden ist, bekommen?
83 minus 2. Zwei sind von deinen Eltern und deinen Großeltern „besetzt"

7. Wie wird die Vorgeschichte noch genannt?
Urgeschichte; Prähistorie (S.6)

8. Stimmt das: Die Frühgeschichte befasst sich mit Völkern, von denen es - nur zum Teil - schriftliche Zeugnisse gibt?
Ein Teil der Erkenntnisse kommt aus Berichten, die andere über ein Volk der Frühgeschichte geschrieben haben. Das betrifft auch unsere rätischen Vorfahren, über die wir von römischen Schriftstellern wissen. Ein anderer Teil der Erkenntnisse wird aus Ausgrabungen gewonnen

9. Wann wurde das Römische Reich aufgelöst?
Das Weströmische Reich wurde um 476 n. Chr. aufgelöst, das Oströmische mit der Hauptstadt Byzanz (Konstantinopel) ziemlich genau 1000 Jahre später: 1453. Seitdem heißt die Stadt Istanbul

10. Die Jahrhunderte werden so gezählt: 1 - 99: 1. Jahrhundert.
100 - 199: 2. Jahrhundert. Und so weiter
Frage: In welchem Jahrhundert leben wir?
Im 21. Jahrhundert

FORSCHUNGSAUFGABEN AUF S. 7

1. Lucy, deren Skelett in Äthiopien gefunden wurde und ihre Artgenossen gingen vor rund zweieinhalb Millionen Jahren bereits aufrecht. Außerdem benutzten diese **Vormenschen** geschliffene Steine als Werkzeuge zum Schneiden von Fleisch.
Frage: In welchen Abschnitt der Geschichte fällt die Lebensform namens Lucy?
In die Zeit der Urgeschichte (Vorgeschichte, Prähistorie)

2. Völker wie unsere Räter, aber auch die keltischen Völker, verwendeten Schrift nur sehr selten. Deshalb stammt unser Wissen aus **Sekundärquellen**, vor allem aus den Büchern, die römische Schriftsteller über sie geschrieben haben.
Frage: In welchen Abschnitt der Geschichte fällt also die Beschäftigung mit Rätern und Kelten?
In die Zeit der Frühgeschichte.

3. **Nenne eine berühmte nordafrikanische Hochkultur. Stichwort: Die Schrift dieser Kultur bezeichnet man als „heilige Zeichen" (hieros = heilig, Glyphen = Zeichen).**
Die Zeit der Alten Ägypter und der Pharaonen

4. Das „antike Griechenland" fällt in die Zeitstufe des Altertums.
Frage: Warum spricht man vom „antiken Griechenland" und sagt nicht einfach „Griechenland"?
Wenn man von „Griechenland" spricht, meint man das moderne Griechenland. Zum Unterschied dazu spricht man in Bezug auf die Zeit um 500 v. Chr. vom alten, klassischen oder antiken Griechenland.

5. Die Zeit des Rittertums fällt ins „hohe Mittelalter".
Frage: Wie lange ist das ungefähr her? (von – bis)
11. bis 13. Jahrhundert, also 800 bis 1.000 Jahre

6. Man sagt, Christoph Kolumbus habe 1492 Amerika entdeckt.
Frage: Welcher Zeitabschnitt beginnt damit?
Die Neuzeit

7. Im Jahr 1348 wütete in ganz Europa die Pest.
Frage: In welches Jahrhundert fällt das Jahr? Erkundige dich.
Ins 14. Jahrhundert

Nützliche Begriffe. S.8

Wie kommst du von 3 nach 1? Schreibe in ganzen Sätzen.

Verwende als Satzverbindungen zum Beispiel:
dann, später, nachher, schließlich, anschließend, darauf...

Wir starten am Fuß des Hügels (3) und gehen den neuen Weg entlang nach Süden. Dort, wo ein Steig nach oben abzweigt, nehmen wir den Zugangsweg, der nach oben führt. Anschließend wenden wir uns in leichtem Anstieg nach rechts und erreichen so schließlich das Hügelplateau.

Das ist natürlich nur eine der möglichen Formulierungen.

Forschungsaufgaben auf S. 12

1. Wie viele Wege führen auf den Peterbühl? Suche eine Partnerin, einen Partner. Beschreibe einen der Wege so genau, dass ein Urlaubsgast ihn aufgrund deiner Beschreibung finden würde. Wenn du sprachlich fit bist, versuche das auch auf Englisch und Italienisch.

Es sind vier Wege:
Einer der Zugangswege führt durch den neuen Friedhof und dann nach Überquerung des neu angelegten Weges sich nach links wendend in einigen Serpentinen relativ steil nach oben und erreicht im Nordosten das Hügelplateau. Ein weiterer Weg führt vom neuen Friedhof nach Erreichung des neuen Weges in leichtem An- und Abstieg nach Norden (rechts) bis zur Waldschule (alte Bezeichnung: „Galgen"). Von dort führen einige Serpentinen über eine steile Böschung nach oben zum Hügelplateau. Ein dritter Weg führt über eine steile Flanke im Süden oberhalb des Festplatzes in leichter Windung nach oben zum Hügelplateau. Ein vierter Weg durchquert den Florer-Hof (ausgeschildert) und trifft auf den Serpentinenweg, der am dort liegenden Hirschgeweih (Kunstobjekt) auf den vorhin unter Weg eins beschriebenen Serpentinenweg nach oben.

2. Stelle dich oben auf der Hügelfläche neben die Fahnenstange. Stelle die Himmelsrichtungen fest. Anhaltspunkt: Der Altarraum des Kirchleins zeigt, wie in den meisten Kirchen, nach Osten, also Richtung Sonnenaufgang.
Drehe dich nach Westen. Welche Landschaft siehst du am Horizont? R---en.
Nimm den Kompass zu Hilfe. Im Westen und Nordwesten siehst du den Ritten.

3. Je nach Vegetationsperiode fallen die fünf Bodenlöcher (Hausgruben) unterschiedlich gut ins Auge. Eins davon wird von vielen als „Bombenloch" bezeichnet. Suche sie.

9

Das „Bombenloch" ist nach Haus **R (1,8 m tief)** das tiefste von allen und stark verwachsen. Es heißt eigentlich Haus Q. Der Weg zum Hügelplateau führt rechts davon vorbei. Das Haus R befindet sich am westlichen Rand und ist ebenfalls ziemlich tief und mit Strauchwerk verwachsen. Ein Baum wächst aus der Hausgrube. Wenn du genau schaust, entdeckst du auf Felsen aufgesprühte Buchstaben, die die Häuser markieren.

4. Die Hausgrube mit der Bezeichnung A ist von den anderen Häusern überbaut worden. **Suche die Markierungen, die ihre Lage kennzeichnen.**
Diese Aufgabe löst du mit **Hilfe der Zeichnung auf S. 10.** Der obere Rand von Haus A ragt mit der oberen linken Ecke ein Stück in das Haus E hinein.

5. **Gehe zur nördlichen Terrasse (Bereich hinter der Kirche, Blickrichtung St. Anton).** Hier befanden sich einige eisenzeitliche Häuser, die aber nicht ausgegraben worden sind. Suche ihre Umrisse. Man kann sie als Bodensenken erkennen.
Umrunde die Terrasse und stelle dich dann oben vor das Kirchlein mit dem Blick nach Norden, also hinunter zur fraglichen Terrasse. Vielleicht kannst du die leichten Einsenkungen erkennen. Der Archäologe Dr. Steiner hat kürzlich versprochen, dort eine Forschungsgrabung zu machen. Der Archäologe Frescura hat nämlich Ende Oktober 1959 seine Arbeiten wegen eines frühen Wintereinbruchs beenden müssen und hatte nicht mehr die Gelegenheit, diese Hausgruben freizulegen.

6. **Wie können Häuser einfach verschwinden? Was könnte im Lauf der Zeit passiert sein? Ein Hinweis: Die Forscher fanden in den Hausgruben dicke Lagen kohlschwarzer Erde.**
Abgesehen davon, dass unbewohnte Häuser ohne Pflege im Lauf der Zeit sowieso zerbröseln, sind alle Häuser auf dem Peterbühl, teils nach Wiederaufbau auch mehrfach, abgebrannt. Schuld an diesen Unglücksfällen waren nicht nur die Römer, wie oft behauptet wird (Be-

setzung des Peterbühls um 15 v. Chr.) sondern zumeist Brände durch Unachtsamkeit und so weiter. Denke daran, dass die Häuser zum Großteil aus Holz bestanden.

7. Die damalige Siedlung wurde von Mauern umgeben. Zuerst von einem inneren, dann von einem äußeren. Auf der Karte siehst du den Verlauf der Mauern. **Gehe den äußeren Mauerzug ab und zähle dabei deine Schritte. Wie lang war die Mauer? Rechne so: zwei deiner Schritte = 1 Meter.**
Mache dasselbe mit dem inneren Mauerzug.
Der innere Mauer ist 220 Meter lang und besitzt eine Mauerstärke von etwa 107 cm. Die äußere Mauer ist 370 Meter lang bei einer Mauerstärke von etwa 137 cm.

8. Es gibt zwei Stellen, wo man heute noch mit etwas Glück Tonscherben finden kann: Im Eck H, wo die Abfallgrube der Siedlung war und am Abhang von Haus R, S und T.
Du darfst buddeln. Ich selbst habe an den bezeichneten Stellen mehrfach Tonscherben gefunden.

9. Die Seiten eines Hügels, die nach unten führen, bezeichnet man als Flanken. Es hat immer wieder Überfälle auf die Siedlung auf dem Hügelplateau gegeben. **Welche der Flanken war wohl am schwierigsten zu verteidigen, welche am leichtesten?** Verwende für deine Angaben die Himmelsrichtungen.
Am schwierigsten zu verteidigen war die östliche und südöstliche Flanke, die am sanftesten in die Höhe führt. Im nordöstlichen Teil oberhalb des Luftschutzkellers (ober dem neuen Friedhof) ist die Flanke ausgesprochen schroff und kaum zu bezwingen.

FORSCHUNGSAUFGABEN AUF S. 13

12. Das Peterbühlkirchlein taucht in Urkunden erstmals 1371 auf. Heißt das, dass es in diesem Jahr gebaut worden ist? Überlege.
Eine Nennung in einer Textquelle ist nicht gleichzusetzen mit dem Bau, außer es wird ausdrücklich gesagt. Das Kirchlein ist wohl einige Jahrhunderte älter. Darauf weist auch der Patron (St. Peter) hin; sehr alte Kirchen wurden oft diesem Apostel geweiht. Frescura, der Archäologe, hat vermutet, dass es auf der eingeebneten Terrasse vor dem Kirchlein im Westen eine Einsiedelei gegeben haben dürfte. Das Material dieser Behausung sei für den Bau des neuen Kirchleins verwendet worden. Angeblich haben aber auch schon die Römer vor 2.000 Jahren ein Gebäude errichtet, auf dem heute das Kirchlein zu sehen ist.

13. Kann es sein, dass das Kirchlein um 500 vor Chr. schon gebaut war?
Kirchen, also Gebetshäuser nach dem römisch-katholischen Ritus, gibt es natürlich erst nach dem Tod von Jesus 33 n. Chr. Die frühesten in Äthiopien, im Nahen Osten, auf Sinai. Bei uns in Südtirol kamen die ersten Glaubensboten im Verlauf der Völkerwanderung um etwa 500 n. Chr., vereinzelt aber auch schon früher.

14. Die Zeit zwischen etwa 500 und etwa 800 n. Chr. nennen wir Völkerwanderungszeit. Warum wohl?
Schon Jahrzehnte vor der Auflösung des Weströmischen Reiches um 476 n. Chr. kamen verstärkt slawische und germanische Einwanderer bzw. Eindringlinge aus dem Osten und Norden und machten den Bewohnern römisch kontrollierter Gebiete das Leben schwer. Wegen dieser Wanderbewegungen nennt man diese Zeit Völkerwanderung. Bei uns waren es vor allem Langobarden (Siegmundskron, eigentlich Firmian, ist eine Langobardenfestung), später Bajuwaren, von denen unsere rätoromanischen Vorfahren die deutsche Sprache übernommen haben.

15. Hat das vielleicht auch damit zu tun, dass sich das Weströmische Reich um 476 n. Chr. auflöste?
Ja. Genau.
16. Um welche Hausgrube handelt es sich hier?
Um Haus T.
17. Und die benachbarte Hausgrube heißt?
Haus S.
18. In welche Himmelsrichtung zeigt das Bild?
Nach Süden.

FORSCHUNGSAUFGABEN AUF S. 16

1. Stimmt das: Die Räter stammen von den Südtirolern ab.
Natürlich nicht. Anders herum! Der Großteil der deutschsprachigen und ladinischsprachigen Südtiroler/innen stammt von den Rätern ab.

2. Stimmt das: Wir Völser/innen wären für die Römer ISARKEN gewesen.
Ja. Die Isarken waren ein Stamm, den die Römer zu den Rätern zählten.

3. Von wem stammt dieser Begriff: RAETIA?
Die Römer hatten die Angewohnheit, alles und jeden mit lateinischen Begriffen zu benennen. In diesem Fall haben sie aber wahrscheinlich auf die venetische Göttin RAETIA (*sprich: Räzia*) zurückgegriffen. Wie die Räter zu einer venetischen Göttin kamen (Veneter und Räter waren nicht miteinander verwandt, weder sprachlich noch sonst wie), das ist noch Forschungsgegenstand.

4. Wie hießen die römische Nachbarprovinzen im Osten von Rätien? (Karte!)
Vindelicia (sprich: Windelizia) und Noricum. Die Einwohner nennt man Vindelizier und Noriker.

5. Aus der Vermischung der rätischen Sprache mit der Sprache der Römer entstand eine neue Sprache. Wie heißt sie? Sie wird etwa in Ladinien und im Gadertal gesprochen.
Aus Rätisch und Romanisch (= Latein) entstand Rätoromanisch.

6. Die deutsche Sprache haben neue Eroberer, die Bajuwaren, in unser Land gebracht. Seit wann wird in Völs Deutsch gesprochen?
Seit etwa 1000 Jahren. Seitdem sind die alten Urkunden mehrheitlich in Deutsch verfasst. Die „Eindeutschung" hat gedauert! So wurde in St. Michael oberhalb von Kastelruth von 350 Jahren noch mehrheitlich Ladinisch (Rätoromanisch) gesprochen. Daraus kann geschlossen werden, dass die bajuwarische Eindeutschung von Süden her, also über Völs und Seis nach Kastelruth erfolgt ist. Der Panider Sattel stellte eine natürliche Sprachscheide dar. So wird jenseits des Sattels immer noch Rätoromanisch (Ladinisch) gesprochen.

7. Was ist eine STELE?
Eine steinerne Säule. Stelen sind zumeist mit einer Inschrift versehen.

8. Was sind GLYPHEN? Suche die Erklärung für „Hieroglyphen". Und was könnten PETROGLYPHEN sein (denke daran: PETRO, pietra...)
Glyphen sind bildhafte Schriftzeichen. Die auf öffentlichen Klotüren aufgemalten Symbole für männlich-weiblich sind hingegen **Piktogramme,** weil sie keinen buchstabenbezogenen Lautwert besitzen ähnlich wie die „Emoticons" bzw. „Smileys"). Petroglyphen sind bildhafte Schriftzeichen, die in Stein geritzt sind.

9. Stimmt das: Die Räter haben total viel geschrieben. Deshalb wissen wir so gut wie alles über sie.
Nein! Die Räter (natürlich nicht alle!) konnten durchaus schreiben.

Ein Alphabet hatten sie ja. Aber sie waren ausgesprochen „schreib-faul". Es wird wohl so gewesen sein, dass sie Schrift nur in bestimmten Zusammenhängen verwendeten, auf Grabsteinen, als Weiheinschriften usw. Der ganze Rest war mündlich. Die Kelten haben es genauso gehalten. So wissen wir über diese Völker mehr oder weniger nur das, was andere, vor allem römisch Schriftsteller, über sie geschrieben haben. Vieles über die Kelten stammt von Caesar, der über seine Eroberungen Buch geführt hat – allerdings einige Jahrzehnte vorher. Er ist 44 v. Chr. gestorben (ermordet worden).

10. Wenn du das rätische Alphabet in der Spalte „Bolzano" durchgehst, stellst du fest, dass einige Buchstaben aus unserem Alphabet fehlen. Was könnte wohl der Grund dafür sein? Überlege...
Das Alphabet eines Volkes enthält natürlich nur solche Zeichen, die in seiner Sprache einen Lautwert abbilden. Umgekehrt gibt es im Südtiroler Dialekt einen bayrischen Laut, dem zwar ein Zeichen zugeordnet ist: Å beziehungsweise å, das aber so gut wie nie verwendet wird. Würde ein Bundesdeutscher „i hon" = „ich habe" lesen, würde er das O dunkel aussprechen wie in Ofen. Für uns wäre das komisch anzuhören. Richtung Ums gibt es einen Hof, auf dem „Schortner-Hof" geschrieben steht. Wie müsste man das Wort richtig schreiben?

11. Stein-Stele von Pfatten (Dorf im Südtiroler Unterland). Übertrage die Glyphen in unsere Buchstabenschrift (Achtung: linksläufig)

L M A K E L I T A M U
L A ? E U U

Forschungsaufgaben auf S. 17

Anweisung: Zähle 5 Merkmale eines rätischen Hauses auf.

1. Gewinkelter Zugang, 2. Unterkellerung, 3. aufgesetzter Steinsockel auf dem oberen Rand des Kellers, 4. Stützbalkenkonstruktion mit waagrechten Wandbalken, 5. Dach mit Stroh oder Riet gedeckt

Forschungsaufgaben auf S. 18

Orientiere dich!

1. Hier steht heute das Kirchlein. Um Christi Geburt befand sich an dieser Stelle der römische Verwaltungssitz.
Von Haus A ist nichts mehr erhalten. Es fiel vor 2.000 Jahren einem Brand zum Opfer. Reste davon hat Frescura jedoch zwischen den Häusern S und T/D entdeckt.
Der vermutete Hausgrundriss ist auf S. 10 abgebildet.

2. Hier im Norden des Hügelplateaus gab es mit Sicherheit eine Reihe von Häusern. Frescura hat aber nicht Zeit genug bekommen, um sie auszugraben. **Schau nach.** Man kann Absenkungen entdecken, die darauf hinweisen.

Wiederholung eines Auftrags auf S. 12 Frage 5 – falls du das nicht schon erledigt hast.

3. Diese beiden Steinkisten stellen ein ungelöstes Rätsel dar! Vielleicht kommst ja du dahinter...
Im ersten Moment könnte man an Urnenkammern denken. Allerdings fehlt dafür jede Spur wie Grabbeigaben, schwarze Erde, Knochensplitter. Die Steinkisten waren bei ihrer Freilegung mit krümeliger Erde aufgefüllt und mit Steindeckeln verschlossen. Das war alles. Womöglich wurde Regenwasser gebunkert. Dazu müssten die Innen-

seiten jedoch einen Lehmmantel gehabt haben – den Frescura nicht gefunden (oder nach dem er auch nicht gesucht) hat.

Erkläre:
Archäologe, Depot, Artefakt, Replik
Altertumsforscher/in, Sammelstelle, künstlerisch verzierter Gegenstand, originalgetreue Nachbildung

Fragen auf S. 20: Halbmondfibeln

Wie alt sind die Halbmondfibeln?
Etwa 2.700 Jahre

Was könnte das Köpfchen auf einer der beiden Fibeln bedeuten?
Die Forscherinnen und Forscher rätseln seit mehreren Jahrzehnten darüber. Eine Vergrößerung zeigt ein eher „zuwideres" Gesichtchen. Mehrere Forschende denken dabei an die griechische **Gorgo**. Gorgonen sind in der griechischen Sagenwelt drei geflügelte Schreckgestalten mit Schlangenhaaren, die jeden, der sie anblickt, zu Stein erstarren lassen. Demzufolge könnte die Fibel eine **atropäische** = Schaden abwehrende **Funktion** gehabt haben, um die Trägerin, den Träger etwa vor dem Bösen Blick zu schützen.

Was bedeutet das Wort Fibel?
FIBULA = Gewandnadel (römisch-lateinische Bezeichnung)

Was sind Klapperbleche? Zeichne einen der Klapperanhänger.
Auch den Klapperblechen, die beim Gehen der Trägerin, des Trägers ein raschelndes bzw. rauschendes Geräusch erzeugen, wird eine atropäische Bedeutung zugeschrieben. Das Klappern sollte vermutlich Böses fernhalten und übel gesinnte Geister abschrecken. In der modernen Zeit erfüllen Pumps, die beim Gehen tickende Geräusche erzeugen, womöglich eine ähnliche Funktion.

FRAGEN AUF S. 21: HAUS S

1. An diesem Hausgrundriss kannst du den gewinkelten Zugang erkennen. Was hatten sich die Räter dabei gedacht?

Der (zumeist) abgewinkelte Zugang war teilweise sogar überdacht. Es gibt zwei Erklärungsmodelle zur Sinnhaftigkeit dieses doch aufwendigen Zubaus: Der eine nimmt an, es habe sich um eine Wetterschleuse gehandelt mit dem Zweck, den eigentlichen Wohnbereich vor Wind und Regen zu schützen. Die andere Erklärung geht davon aus, dass auf diese Weise den Geistern der Verstorbenen der Zutritt erschwert werden sollte.

2. Der Hausgrundriss ist 6,5 m x 4,65 m. Wie groß war die Grundfläche?

6,5 m X 4,65 m = etwa 30 m². Vergleiche mit eurem Klassenraum, mit eurem Wohnzimmer…

3. Gibt es Hinweise, dass der Raum aufgeteilt war?

Ja. Beachte auf der Abbildung die Bodenplatten, auf die senkrecht Pfosten gestellt waren.

4. Eine der Hauswände war aus dem Felsen geschlagen. Welche? (oben, unten, links, rechts)

Unten.

5. Wie breit war der Eingang? Vergleiche mit dem Eingang deiner Schule oder Klasse.

1,70 m

6. Rechts siehst du den Grundriss von Haus A, wie er sich am 25. Oktober 1956 präsentierte. Suche ihn im Gelände.

Nimm die Abbildung im Arbeitsbuch auf S. 10 oben zu Hilfe.

Fragen auf S. 22

3 Aufgaben für Knobler/innen:

1. Auf welche Tätigkeit/en weist Fundstück 3 hin?
Offenbar wurde Fleisch mit Hilfe eines Bratspießes gegart. Das zeugt von einer gewissen Esskultur. In älterer Zeit hingegen wurden Fleischstücke roh gegessen oder auf heißen Steinen gegart.

2. Worauf lassen die Fundstücke 4 und 5 schließen?
Es handelt ich um zwei Lanzenspitzen, also um Waffen. Da es keine Hinweise gibt, dass in der Peterbühl-Gemeinschaft die Jagd eine größere Rolle spielte – es fehlen Hinweise wie Knochenreste jagdbarer Wildtiere – ist davon auszugehen, dass es sich um die Ausrüstung von Kriegern handelte mit der Aufgabe, die Gemeinschaft gegen Eindringlinge zu verteidigen.

3. Fundstück 2 zeigt, dass die Bewohner von Haus A über ein bestimmtes Gerät/Werkzeug verfügten. Überlege.
Das abgebildete Fundstück ist eine Radnabe. Die Radnabe ist das Zentrum eines Karrenrades. Sie dreht sich um eine starre Achse, die zwei Räder miteinander verbindet. Das macht klar, dass die Peterbühl-Gemeinschaft über Transportwagen verfügt hat, die wohl von Kühen oder Ochsen gezogen wurden.

1. Wie viele Objekte sind in Haus R gefunden worden?

30

2. Das Haus R ist abgebrannt. Was könnte der Umstand bedeuten, dass die Objekte gruppenweise angeordnet sind? Überlege...

Es ist denkbar, dass die Gegenstände auf Wandregalen abgelegt waren. Die Regale wären demnach im Verlauf des Brandes in sich zusammengefallen, die abgelegten Gegenstände haben sich in der Asche erhalten.

3. Suche Haus R im Gelände.

Eine Hilfe:

Haus R ist das am weitesten hinten liegende Haus. Es befindet sich an der Kante vor dem Abfall des Geländes in Richtung des Festplatzes bzw. Sportplatzes und zeigt eine tiefe Unterkellerung mit starkem Bewuchs. Ein Baum und Sträucher wachsen aus dem Schutt.

Drei weitere von insgesamt 30 Fundgegenständen:
1. **Der Bodenstein einer Drehmühle;**
2. **Die Hälfte einer Spule aus Ton;**
3. **Ein Rebmesser aus Eisen**

Fragen:
Kannst du aufgrund dieser Funde auf bestimmte Tätigkeiten in Haus R schließen?
Als Weiterentwicklung der ursprünglichen Mahltechnik, bei der das Getreide mit Hilfe eines glatten Steines auf einer steinernen Unterlage zerrieben wurde, wird bei einer Drehmühle das Korn zwischen zwei Steinrädern zermahlen, indem das oben liegende Rad mit Hilfe einer daran befestigten Stange auf der unteren verdreht wird. Der untere Stein besitzt in seiner Mitte eine Erhebung, die mit einer Öffnung im Drehstein korrespondiert. Der Abstand der beiden Steine, des festen unteren und des beweglichen oberen, bestimmt, wie fein das Korn gemahlen wird. Feine Rillen im unteren Stein transportieren das gemahlene Getreide nach außen an den Rand.

Das gebogene Eisenstück oben wird als „Eimerhenkel" bezeichnet. Man weiß aber nicht, was diese Gegenstände (insgesamt sind es 4) bedeuteten. Hast du eine Idee?
Eine ungelöste Frage. Eimerhenkel waren es mit Sicherheit nicht. Für einen solchen Zweck wäre Eisen damals viel zu kostbar gewesen. Als Eimerhenkel wurden wohl Seile verwendet. Einige Archäologen glauben, dass es sich um **Eisenbarren** handelt, also um Roheisen, das erst noch verarbeitet werden musste. Auf diese Weise könnte ein Schmied Roheisen von seiner Schmiede zur Gemeinschaft gebracht haben. Das würde bedeuten, dass es in der Peterbühl-Gemeinschaft selbst keinen Eisenschmied gegeben hat, eine logische Annahme, weil das Schmelzen von Eisenerz Unmengen an Holz und Holzkohle benötigte, die auf dem Peterbühl mit Sicherheit nicht zur Verfügung standen.

FRAGEN AUF S. 27

1. Wie kann das Alter eines Holzstücks bestimmt werden? Kann man mit dieser Methode auch das Alter von Tonscherben bestimmen? (Achtung! Falle! - Überlege...)

Das Alter organischer Stoffe, also von Pflanzenresten und Resten von Tieren und Menschen, kann mit Hilfe der Radiocarbonmethode (^{14}C) bestimmt werden, und zwar mit einiger Genauigkeit bis zu einem Alter von etwa 50.000 Jahren. Danach wird das Ergebnis unsicher und man muss zu anderen Methoden der Altersbestimmung greifen.
Das Alter von Tonscherben lässt sich direkt so nicht bestimmen, weil Ton ja nicht organisch ist. Allerdings: Falls im Ton organische Verunreinigungen eingeschlossen sind (das kann zum Beispiel beim Brennen geschehen, wenn etwa Kohlestückchen in die Tonmasse geraten), ist das Alter der Tonscherbe - indirekt - bestimmbar.

2. Der Stein auf der linken Seite wurde in Haus T/D gefunden. Er enthält Symbolritzungen. Was könnte dieses Objekt für eine Verwendung gehabt haben? Lass deiner Fantasie freien Lauf. Auch die Archäologen können hier nur raten.

Wenn Archäologen keinen praktischen Verwendungszweck feststellen können, vermuten sie einen **kultischen** (religiösen) **Hintergrund**. So könnten solche Objekte durchaus für magische Praktiken verwendet worden sein, etwa um durch Auflegen Verletzungen zu heilen, Übles durch Beschwörung fernzuhalten und so weiter.

FRAGEN AUF S. 28: HAUS Q

1. Frage drei Bekannte, ob sie das „Bombenloch" auf dem Peterbühl kennen. Wenn ja, dann kläre sie auf.

Wie ist es überhaupt zu dieser Annahme gekommen, dass es sich um ein Bombenloch handeln könnte? Alte Völser Bürger/innen erinnern sich an die Bombardierungen im April 1945, bei denen auch Bomben auf Völs gefallen sind, Gebäude zerstörten und acht Menschen den Tod gebracht haben. Wir wissen aber, dass es sich bei diesem „Loch" nicht um ein Bombenloch, sondern um die 1,8 m tiefe Unterkellerung von Haus Q handelt.

2. Welche Bezeichnung gab der Archäologe Frescura dieser Hausgrube?

Haus Q eben

3. Was ist im April 1945 in Völs passiert?

Siehe Antwort auf Frage 1

4. Warum kam der Archäologe zum Schluss, dass dieses Gebäude abgebrannt sein muss?

Es wurden in Haus Q ein verkohlter Balken und Brandschutt gefunden.

FRAGEN AUF S. 29: VORMAUER N

1. Suche die Fundstelle. Sie ist nahe an der Stelle, wo der Zugangsweg das Hügelplateau erreicht.

1. Was sind „Tokens"?
Tokens sind im Prinzip so etwas wie Wertmarken, allerdings meint man in der Archäologie solche mit „Körper", also nicht Klebeetiketten (die es eh nicht gab). Die 44 gefundenen Tonscheibchen werden als Tokens bezeichnet. Es ist unklar, welchen „Wert" sie symbolisieren sollten. Waren es Warenbegleitmarken? Spielsteine? Zählsteine?

2. Erkläre den Begriff „Hypothese". Ist diese Aussage: „Die Erde dreht sich um die Sonne" eine Hypothese?
Nein. Das ist eine bewiesene Tatsache.

3. Hast du eine eigene Idee, was diese Scheibchen für eine Bedeutung gehabt haben könnten? Oder schließt du dich einer der drei Hypothesen (Frage 1) an. Welcher?
Da ist Raten angesagt. Womöglich fällt dir noch eine vierte Hypothese ein. Interessant ist, dass Tokens in vielen Ausgrabungsstätten gefunden wurden, so bei Reif in Leifers über 100. Aber auch in Griechenland, auf Zypern und Kreta wurden Tokens gefunden.

FRAGEN AUF S. 30: VORMAUER U

1. Was ist damit gemeint: römerzeitlich?
Die Zeit, als die Römer eine Großmacht waren und über große Teile Europas, über Teile Vorderasiens und Nordafrikas herrschten.

2. Was stimmt: 500 v. Chr., Christi Geburt, 500 nach Chr.
Die Zeit der römischen **Herrschaft** betrifft eine Spanne von etwa 1000 Jahren: Von 500 vor bis 500 nach Chr.

3. Setz dich auf eine der beiden Bänke, die heute auf der „Vormauer U" stehen und genieße die Aussicht.
Du blickst auf das heutige Völs, auf Ums, auf die Gebirgskette von Schlern, Hammerwand und Tschafon im Hintergrund. Lass deine Gedanken schweifen...

FRAGEN ZU S. 31: MÜNZFUNDE

1. Aus der ganz alten Zeit um 500 v. Chr. sind keine römischen Münzen gefunden worden. Was könnte der Grund dafür sein?
Ganz einfach: Es war die Zeit, bevor die Römer unser Land beherrschten. Und vorher war der Gebrauch von Münzen bei uns völlig unbekannt. Vielleicht war die vorrömische Währung ja Tokens (reine Hypothese!)

2. Wie groß ist der Zeitraum, in dem auf dem Peterbühl Münzen gefunden worden sind? 100 Jahre? Oder mehr?
51/96 v. Chr. – bis 364/375 n. Chr. Also etwa 426 Jahre.

3. Wie lange hat Kaiser Augustus regiert?
31 v. Chr. – 14 n. Chr. = 44 Jahre. Achtung: Es gibt kein Jahr Null!

4. Die ältesten Münzen wurden in .... gefunden.
Die ältesten Münzen sind auf Burgstall (Schlern) gefunden worden und sind 2.000 Jahre alt.

5. Wo wurden hier bei uns ein AUREUS und ein DENAR gefunden?
Ein Aureus in Ums und ein Denar in Völser Aicha.

1. Was sind „organische Materialien"?
Organisch = pflanzlich oder tierisch/menschlich

2. „anorganisch" ist das Gegenteil von „organisch". Nenne einige anorganische Materialien.
Stein, Kristalle, Wasser, Metalle…

3. „Legierung": Erkläre diesen Begriff.
Wenn zwei oder mehr Metalle miteinander verschmolzen werden, entsteht eine Legierung. Beispiele sind Bronze (aus Kupfer und Zinn) oder Messing (aus Kupfer und Zink).

„Patina": Erkläre diesen Begriff.
Manche Metalle wie Kupfer oder Bronze rosten nicht, sondern bilden eine Patina aus, das ist ein Überzug (eine Schutzhülle), der/die die Farbe des Metalls verändert.

4. „Korrosion": Erkläre diesen Begriff. Das Verb dazu heißt „korrodieren". Bilde einen stimmigen Satz.
Eisen korrodiert, das heißt, es rostet im Lauf der Zeit. Das kann so weit gehen, dass sich Eisen irgendwann vollständig zersetzt.

5. Stimmt das: Bronze ist kein reines Metall, es ist vielmehr eine Legierung?
Ja.

6. Stimmt das: Kupfer rostet.
Nein.

7. Aus welchen beiden Metallen besteht Bronze?
Auf 10 Teile Bronze kommen 1 Teil Zinn und 9 Teile Kupfer. Diese Legierung ergibt Bronze.

Fragen auf Seite 33: Keramikfunde

1. Erkläre den Unterschied zwischen Ton und Lehm.
Lehm ist nicht so formbar und wasserundurchlässig wie reiner Ton. In feuchtem Zustand ist Lehm formbar, in trockenem Zustand fest. Bei Wasserzugabe quillt Lehm, beim Trocknen schwindet oder schrumpft er. Ton ist besonders feiner Lehm mit speziellen mineralischen Beimischungen. In Völs gibt/gab es eine Lehmgrube in Völser Ried unter dem Aichnerhof.

2. „Verwitterung": Was bedeutet das?
Die natürliche Zersetzung (Veränderung, Zerfall) von Gesteinen an der Erdoberfläche unter dem Einfluss von Sonne, Regen, Wind und Wetter.

3. Sollte ein Tongefäß wasserdicht sein, wurde es ....
… bei etwa 800 Grad in einem Ofen gebrannt. Zur Erzeugung dieser Hitze benötigte man Holzkohle und eine besondere Ventilation.

4. Die Herstellung von Tongefäßen auf der Drehscheibe hat Vorteile. Berichte.
Auf diese Weise entstehen Rundungen und regelmäßige, abgerundete Formen.

5. Wie kann das Alter von Tongefäßen bestimmt werden?
Erstens durch Vergleich mit Tongefäßen, deren Alter bekannt ist. Es gibt nämlich nach Art, Form und Design typische Merkmale, die man einer Kultur (Griechen, Ägypter und so weiter) zuordnen kann. Zweitens: Wenn organische Bestandteile als Verunreinigung in der Tonmasse vorkommen, kann über die Radiokarbonmethode eine Altersbestimmung vorgenommen werden - siehe S. 22, Fragen zu S. 27 im Arbeitsbuch.

FRAGEN AUF S. 34: FIBELN

Ordne diese Begriffe den Buchstaben zu:
Spirale, Nadel, Nadelhalter, Bügel. Schreibe so: A = und so weiter
A = Nadel; B = Spirale; C = Nadelhalter; D = Bügel

FRAGEN AUF S. 35: GLAUBENSVORSTELLUNGEN

1. Alle alten Völker (Griechen, Römer, Ägypter, Räter usw.) verehrten Gottheiten. Wie kannst du dir das erklären?
Da viele Naturgesetze noch nicht bekannt waren, wurden unerklärliche Erscheinungen (plötzliche Todesfälle, Ernteausfälle, Ungezieferplage, Krankheiten und Seuchen, feindliche Überfälle...) dem Wirken von Göttinnen uns Göttern zugeschrieben.

2. Wie hieß die oberste rätische Gottheit?
Raetia (Rätia)

3. Welche Opferplätze in der Völser Gegend kennst du?
Burgstall (Schlern), Plörg (Schlern), Tschafon, Rungger Egg...

4. Erkundige dich: Gibt es auch heute noch Religionen, in denen mehrere Götter verehrt werden?
Denke an den Hinduismus, in dem es viele Gottheiten gibt, die unterschiedliche Mächte versinnbildlichen. Solche Glaubensvorstellungen nennt man **Polytheismus** = Mehrgottglauben. Sprich mit deiner Religionslehrerin darüber.

Fragen auf S. 36:
Brandgräber? Skelettgräber?

1. Besuche den Friedhof. Widme den Toten ein paar gute Gedanken. Sie haben in ihrem Leben bestimmt viele Sorgen gehabt und haben für andere, für ihre Kinder und Enkel, ihr Bestes gegeben.

2. Stelle fest, wie alt die Menschen geworden sind.
Dazu brauchst du Block und Stift. Bilde die Differenz zwischen Geburtsjahr und Sterbejahr. Suche dabei Gräber deiner Verwandten auf. 3 Beispiele.

3. Wie viele Kindergräber gibt es?
Im alten Friedhof bei der Pfarrkirche gibt es einen eigenen Kinderfriedhof beim Eingang zur Gruft der Michaelskapelle und zum Archäologischen Museum.

4. Was könnte der Grund dafür sein, dass die Gräber keine Beigaben in Form von Werkzeugen, Schmuck usw. beinhalten?
Die katholische Religion geht davon aus, dass die Toten im Jenseits keine irdische Ausstattung benötigen. Vor dem himmlischen Gericht ist jede/r gleich unabhängig vom Besitzstand, den er/sie zu Lebzeiten hatte. Der Körper geht zur Erde zurück, ins Jenseits kommt nur die Seele.

5. Glaubst du, dass Tote herumirren (geistern?)
In alter Zeit, bei den Römern, Griechen, Ägyptern, Germanen, Kelten… war diese Auffassung „normal" und weit verbreitet. Vielfach fürchteten sich die Menschen vor den Geistern der Toten und bemühten sich, sie durch Opfergaben zu besänftigen. Auch heute noch ist dieser Glaube in mehreren Kulturen verbreitet. Erkundige dich bei der Religionslehrerin.

6. Was hat das Weihwasser für Bedeutung? Welche Bedeutung hat der Weihrauch, haben die Blumen, welche die Kerzen?
Erkundige dich bei der Religionslehrerin.

7. Welchen Sinn wird es gehabt haben, dass die Räter ihren Toten Trachtbeigaben mit ins Grab legten?
In alten Religionen war der Glaube verbreitet, dass der/die Verstorbene nach dem Tod ein quasi irdisches Leben in einer freudvollen Umgebung weiterführt. Dazu wurde er/sie entsprechend ausgestattet, teilweise auch besonders prunkvoll. Bei der Brandbestattung wurden Beigaben zumeist in einem eigenen Gefäß der Urne mit der Asche beigestellt. Bei der Körperbestattung wurde der, die Tote entsprechend mit Schmuck versehen und mit Gerätschaften des täglichen Lebens ausgestattet. Zumeist fehlten auch Lebensmittel für eine angenommene Totenreise nicht.

8. Was könnte dazu geführt haben, dass von der Körperbestattung zur Brandbestattung übergegangen worden ist?
Neben der Hygiene und dem großen Platzbedarf von Körperbestattungen nimmt man an, dass es vor allem die dem Feuer zugeschriebene reinigende Kraft war, die, wie bei den Rätern, zum Brauch der Einäscherung geführt hat. Womöglich wurde die eine oder andere Art aber auch, quasi als Modeerscheinung, von anderen Völkern übernommen. Lange Zeit gab es Körperbestattungen und Urnenbeisetzungen parallel. Die katholische Kirche hat die Feuerbestattung lange Zeit abgelehnt.

9. Sucher Argumente: Ich bin für die Körperbestattung, weil... Ich bin für die Urnenbestattung, weil... Frage einige Erwachsene und Kinder.

FRAGEN AUF S. 37: ERNÄHRUNG

1. Warum ist es durch die landwirtschaftliche Nutzung des Peterbühl nicht mehr möglich zu erforschen, was früher angebaut wurde und welche Tiere gehalten wurden?

Durch die moderne Tierhaltung wurden die Spuren der alten Zeit zertrampelt und das alte organische Material durch die Exkremente vermischt und verunreinigt. In den Exkrementen neuzeitlicher Tiere befinden sich auch Samen und Pflanzenreste, und so kann nicht mehr unterschieden werden, was alt ist und was neuzeitlich.

2. Fülle die Speisekammer von Haus Q.

Tierische Nahrung: Rindfleisch; Milch und Milchprodukte. Pflanzliche Nahrung: Weizen, Gerste, Emmer, Hirse, seltener Dinkel; Linsen, Erbsen und Saubohnen. Honig, Wein. Bestimmt auch Pilze, Beeren usw.

3. Angenommen, es wird ein Olivenkern gefunden. Was sagt das aus? Überlege Möglichkeiten.

Dass es in Völs Olivenbäume gegeben haben könnte, ist wegen der Meereshöhe unwahrscheinlich. Also handelt es sich in diesem Fall um Import aus dem Süden. Das würde bedeuten, dass die Peterbühlgemeinschaft mit südlichen Gemeinschaften Handel getrieben hat.

4. Suche im Internet nach: Saubohnen, Emmer, Hirse.

FRAGEN AUF S. 39: BELAGERUNG UND KAMPF

1. Was war der Grund, weshalb die Römer Rätien, die Heimat unserer Vorfahren erobert haben?
Unsere rätischen Vorfahren wurden beschuldigt, sie würden nach Lust und Laune römische Gebiete überfallen und ausrauben. Das wollte Kaiser Augustus ein für allemal abstellen. Er schickte seine Stiefsöhne Drusus und Tiberius und ließ dieses lästige rätische Gebiet erobern. Dazu benötigten die Römer mit ihrer starken Streitmacht nur wenige Monate. Im Herbst 15 v. Chr. war Rätien unter römischer Kontrolle.

2. Wie schützte sich die Gemeinschaft vor feindlichen Überfällen?
Aus alter rätischer Zeit sind bis auf eine (vermutete) Sperrmauer nach Osten keine Verteidigungsanlagen erhalten. Vermutlich schützte sich die Gemeinschaft durch eine Palisade, einen hölzernen Wehrzaun. Im frühen Mittelalter, also gegen 500 n. Chr., wurden eine massive innere und eine äußere Mauer gebaut, die die gesamte Siedlung umgaben.

3. Warum standen in der Siedlung überall große Gefäße mit Wasser?
Der wunde Punkt einer rätischen Siedlung waren ihre leicht brennbaren Strohdächer. Aber auch die Häuser waren zum Großteil aus Holz und dementsprechend gefährdet. Brandpfeile konnten problemlos eine gesamte Siedlung in Brand setzen.

4. Was sind „Palisaden"?
Siehe Frage 2

5. Wie viele Liter Wasser hätte eine der Steinkisten fassen können?
Maße: 40 cm x 32 cm x 50 cm.
64 Liter

PLATZ FÜR EIGENE FRAGEN UND NOTIZEN